봄·여름·가을·겨울
동네 공원에서
새 관찰하기

천천히읽는_과학8 **동네 공원에서 새 관찰하기**

글·사진 조병범

펴낸날 2025년 5월 19일 초판2쇄
펴낸이 김남호 | 펴낸곳 현북스
출판등록일 2010년 11월 11일 | 제313-2010-333호
주소 07207 서울시 영등포구 양평로 157, 투웨니퍼스트밸리 801호
전화 02) 3141-7277 | 팩스 02) 3141-7278
홈페이지 http://www.hyunbooks.co.kr | 인스타그램 hyunbooks
ISBN 979-11-5741-411-6 73470

편집 전은남 | 책임편집 류성희 | 디자인 디.마인 | 마케팅 송유근 함지숙

글, 사진 ⓒ 조병범 2024

이 책은 저작권법에 의하여 보호를 받는 저작물이므로 무단 전재 및 복제를 금지하며,
이 책 내용의 전부 또는 일부를 이용하려면 반드시 저작권자와 현북스의 허락을 받아야 합니다.

⚠주의 종이에 베이거나 긁히지 않도록 조심하세요. 책 모서리가 날카로우니 던지거나 떨어뜨리지 마세요.

봄·여름·가을·겨울
동네 공원에서
새 관찰하기

조병범 글·사진

| 머리말 |

우리 동네 공원에서 새를 관찰해요

　우리 동네에 '나의 공간'이 있나요? 기분이 좋을 때는 잊고 지내다가 울적한 기분이 들면 생각나는 곳, 문득 바람을 쐬고 싶을 때 떠오르는 곳, 가라앉은 마음을 다시 떠오르게 하고 싶을 때 마음이 먼저 가는 곳……. 그곳을 생각할 때마다 저절로 기분이 좋아진다면 확실히 '나의 공간'이라고 할 수 있겠지요. 내게 '나의 공간'은 동네 생태공원이에요.

　새를 본다고 하면 흔히들 철새를 보러 간다고 생각해요. 유명한 철새 도래지를 찾아 떠나는 것이라고 말해요. 틀린 생각은 아니에요. 우리나라에서 볼 수 있는 새 종류의 대부분이 철새이니까요. 나도 새를 처음 보던 시기에는 이름난 철새 도래지를 자주 찾아다녔어요. 텃새는 언제든 볼 수 있으니까 다음에 봐도 된다고 생각하고, 특정 시기 특정 장소에서만 볼 수 있는 희귀한 철새를 보는 데 집중했지요.

그런데 자세히 보니 우리 동네 공원이 자연의 보물 창고였어요. 나무와 풀은 물론 나비와 잠자리, 매미와 귀뚜라미, 개구리와 맹꽁이, 이따금 볼 수 있는 너구리와 고라니까지 온갖 생명이 우리 동네 공원에 의지해 살아가고 있었어요. 특히 새는 언제든 볼 수 있었어요. 텃새와 철새가 늘 있었지요. 천연기념물이나 멸종위기종 새도 여럿 있었어요. 스쳐 지나갈 때는 전혀 알 수 없었던 생명들이 살아가고 있었지요.

새는 가장 쉽게 볼 수 있는 야생의 생명이에요. 일상에서 혹사한 눈을 느슨하게 하고, 귀를 활짝 열면 보고 들을 수 있어요. 천천히 걸으며 감각을 열면 공원의 새가 보이기 시작하여 걸을 때보다 멈추어 설 때가 많아요. 멈추어 서서 공원의 새 하나하나를 처음 본 듯 새롭게 자세히 봐요. 그러면 비로소 보여주지 않고 들려주지 않고 감각할 수 없었던 새로운 새를 보고 알게 돼요. 여유로운 마음으로 함께 동네 공원을 걸어 볼까요?

| 차례 |

머리말 우리 동네 공원에서 새를 관찰해요   4

1부 겨울

겨울 공원에 찾아오는 새들   10
새해 새날을 반기다, 텃새 까치   18
공군의 상징, 겨울 철새 참매   24
성대모사 재주꾼, 텃새 어치   31

2부 봄

봄 공원에 찾아오는 새들   40
나무한테 노래를 불러 주다, 텃새 노랑턱멧새   47
혼자가 아니다, 여름 철새 물총새   54
꽃보다 더 꽃이다, 여름 철새 흰눈썹황금새   61
동네 공원의 '화조도'   68

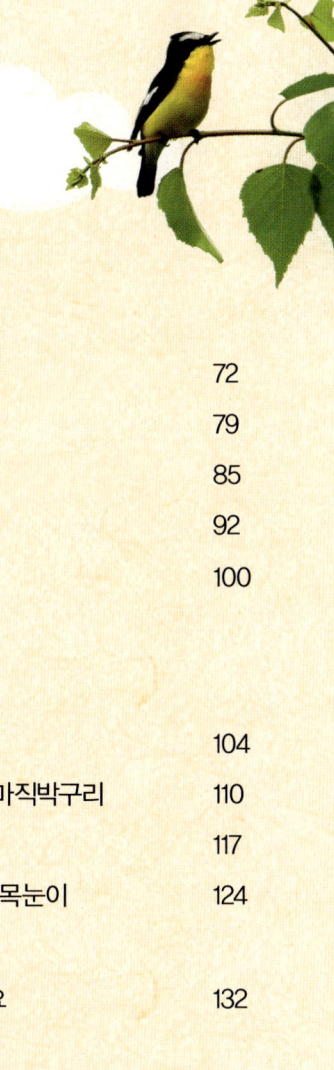

3부 여름

여름 공원에 찾아오는 새들 … 72
이곳이 고향이다, 여름 철새 쇠물닭 … 79
천연기념물, 여름 철새 솔부엉이 … 85
멸종위기종, 여름 철새 붉은배새매 … 92
동네 공원의 어린새 … 100

4부 가을

가을 공원에 찾아오는 새들 … 104
무리 지어 이동한다, 나그네새 검은이마직박구리 … 110
굴뚝 같은 그리움, 텃새 굴뚝새 … 117
작지만 작지 않은 새, 텃새 붉은머리오목눈이 … 124

맺음말 동네 공원에서 즐거움을 발견해요 … 132

부록 | 동네 공원에서 직접 관찰한 새 100종 … 135

1부
겨울

겨울 공원에 찾아오는 새들

새는 계절에 따라 이동하느냐 이동하지 않느냐에 따라 크게 '철새'와 '텃새'로 나눠요. 텃새는 우리나라에서 터를 잡고 짝짓기하고 새끼치기하고, 겨울도 지내요. 사시사철 우리나라에서 볼 수 있지요. 텃새도 먹이를 찾기 어려울 때는 조금 멀리 떨어진 곳까지 날아가기도 하지만, 자신의 영역을 크게 벗어나지 않아요. 우리나라는 텃새 비중이 아주 낮은 편이에요.

철새는 계절에 따라 번식지와 월동지를 오가는 새들이에요. 나라와 나라 사이를 오가기도 하고, 때로는 대륙과

공원 위를 날아가는 큰기러기 기러기는 가을부터 우리나라를 찾아와 겨울을 보내고 봄에 고향으로 돌아가는 겨울 철새로, 공원에서 볼 수 있는 기러기는 대부분 큰기러기예요.

대륙 사이를 오가기도 해요.

철새는 크게 '여름 철새'와 '겨울 철새'로 나눠요. 겨울 철새는 우리나라보다 위도가 높은 지역에서 지내다가 겨울을 나기 위해 가을에 우리나라에 오는 새예요. 우리나라에서 겨울을 보낸 뒤 봄에 고향으로 돌아가요. 여름 철새는 우리나라에서 짝짓기와 새끼치기를 하고 지내다, 날씨가 쌀쌀해지기 시작하는 가을이면 남쪽의 아열대 지방으로 이동해요. 그곳에서 겨울을 보내고, 날씨가 따뜻해지는 봄이 오면 다시 우리나라로 돌아오지요.

겨울은 가장 많은 숫자의 새를 볼 수 있는 계절이에요. 공원에 가장 먼저 오는 겨울 철새는 쇠오리이지만, 계절의 변화를 알리는 새는 기러기라고 할 수 있어요. '끼룩 끼루룩' 소리를 내며 수십 마리에서 수백 마리까지 무리 지어 날아다니기 때문에 눈에 확 띄지요. 기러기는 겨울 철새이지만, 가을부터 볼 수 있어요. 가을 하늘을 수놓으며 '끼룩 끼루룩' 소리를 내는 기러기를 보며 계절의 변화를 체

하늘을 빙글빙글 도는 흰꼬리수리 흰꼬리수리가 나타나면 공원의 오리들이 한꺼번에 날아올라 자리를 피해요.

감해요. 공원에서 보는 기러기는 대부분 큰기러기이고, 쇠기러기도 가끔 보여요.

공원에 있던 오리들이 일제히 날아올라 자리를 피할 때가 있어요. 공원 뒤편 하천에 있는 큰기러기 무리도 긴장해요. 하늘에서 원을 그리며 흰꼬리수리가 나타났을 때예요. 흰꼬리수리는 오리와 기러기를 사냥할 만큼 크기가 커요. 흰꼬리수리는 천연기념물이자 멸종위기종이에요.

주걱 같은 부리를 가진 노랑부리저어새 여름 철새인 저어새와 달리 노랑부리저어새는 겨울 철새로, 천연기념물이자 멸종위기종이에요.

공원에 찾아오는 겨울 철새 중 노랑부리저어새는 아주 특별해요. 노랑부리저어새는 큰 부리를 '휘휘' 저어서 먹이를 찾는 저어새랑 같은 과이지만, 저어새랑 종이 달라요. 저어새는 여름 철새이고, 노랑부리저어새는 겨울 철새예요. 둘 다 천연기념물이자 멸종위기종이에요. 노랑부리저어새는 11월이면 공원 뒤편 하천을 찾아와요. 하천이 완전히 얼어붙지 않으면 하천에 부리를 대고 '휘휘' 젓는 모습을 볼 수 있어요.

흑백사진 같은 무채색 겨울을 환하게 밝히는 새도 공원을 찾아와요. 갈대밭에서 주로 지내는 긴꼬리홍양진이가 주인공이에요. 참새 정도 크기밖에 되지 않지만, 꼬리가 길고 몸에 옅은 붉은색 기운이 감도는 긴꼬리홍양진이를 보면 가슴이 한껏 쿵쾅거려요. 참느릅나무에 올라 씨앗을 빼먹는 모습을 보면 어여쁘기 그지없어요. 긴꼬리홍양진이는 억새 씨앗도 잘 먹어요.

겨울을 환하게 물들이는 긴꼬리홍양진이(암컷) 참새만큼 몸집이 작지만, 꼬리가 길고 몸에 엷은 붉은 기운이 감돌아 눈에 확 띄어요.

 겨울 공원에서 수십 마리씩 몰려다니는 새가 있어요. 참느릅나무에서 바닥으로 내려앉는 모습을 보면 마치 주황색 공이 '툭툭' 떨어지는 듯한 되새가 주인공이에요.

 머리에 노란 상모를 쓴 것 같다고 하여 이름을 붙인 상모솔새는 몸길이가 10cm밖에 안 되는 작디작은 새예요. 소나무밭에서 주로 볼 수 있어요.

 이 밖에 눈 가장자리의 하얗고 둥근 무늬가 눈에 확 들어오는 동박새, 마른 풀밭에서 풀씨를 먹는 촉새, 이름만

들어도 마음이 '통통' 튈 것만 같은 콩새도 겨울 공원에서 볼 수 있어요. 나뭇잎과 풀이 시야를 가리지 않고 많은 종류의 새가 무리 지어 다녀서 와글와글한 계절이 바로 겨울이에요. 그러니 겨울에 새를 보기 시작해도 좋겠지요.

새해 새날을 반기다, 텃새 까치

까치 까치 설날은 어저께고요

우리 우리 설날은 오늘이래요.

곱고 고운 댕기는 내가 들이고

새로 사 온 신발도 내가 신어요.

- 윤극영 작사, 작곡 〈설날〉

까치는 초등학교 1학년부터 6학년까지 6년 내내, 그리고 중학교와 고등학교 교과서에 빠지지 않고 나오는 새예요. 초등학교 3학년 교과서에는 윤극영이 작사, 작곡한 〈설날〉이라는 노래가 실려 있어요. 그러니 우리나라 사람이라면

까치

우리나라 대표 텃새	
학명	Pica pica
분류	조강 참새목 까마귀과 까치속
몸길이	46cm
특징	푸른 광택이 나는 검은색 윗면과 하얀색 배

까치를 모르는 사람이 없어요. 우리나라 대표 새라고 할 수 있어요.

한겨울에도 공원은 새소리가 요란해요. 텃새와 철새가 어울려 내는 소리로 떠들썩해요. 영하로 떨어진 기온이지만 햇살이 쨍하게 빛나요. 활기찬 공원 한가운데와 달리 아무 관심도 없는 듯 메타세쿼이아 꼭대기에 말똥가리가 한 마리 앉아 있어요. 겨울 철새 말똥가리를 향해 까치들이 곧바로 날아들어요. 맹금인 말똥가리에게 몸을 부딪치며 직접 위협하지는 않지만, 말똥가리 곁을 날아다니며 거친 소리를 내요. 처음에는 한 마리가 날아들고, 이내 두 마리, 세 마리로 늘어나요. 그러더니 금방 열 마리가 넘고, 열다섯 마리까지 날아들어요. 아무리 맹금이라도 까치가 떼로 몰려들면 말똥가리는 자리를 뜰 수밖에 없어요.

까치는 자기 영역에 대한 방어를 철저하게 해요. 자기 영역에 들어서면 상대가 누구라도 달려들어요. 자기보다 덩치가 커도 상관하지 않고 여러 마리가 우르르 달려들어 쫓아내요. 옛날에는 마을에 사는 사람들 얼굴을 다 알고 있어 낯선 사람이 마을에 들어서면 까치들이 소리를 크게 냈어요. 그래서 "까치가 울면 손님이 온다"는 말이 생겼어요. 사실은 낯선 사람을 반겨서가 아니고 자기 영역에 침범한 사람을 경계하는 뜻으로 내는 소리지요.

흰까치가 공원에 처음 왔을 때도 텃세를 부렸어요. 흰까치를 처음 본 날은 2021년 7월 10일이에요. 네 마리 까치가 공원 까치 10여 마리한테 쫓겨가고 있었어요. 하천 건너편 들판 쪽으로 가는 것을 보니 그쪽에서 온 듯해요. 쫓겨가는 네 마리 가운데 흰까치가 가장 뒤에 날아가고 있었어요. 예부터 영물이라 여기던 흰까치를 동네 공원에서 보다니 놀라웠어요.

흰까치는 희귀종이라 예전부터 좋은 일을 가져다 주는 길조로 여겼어요. 실제로는 색소 결핍 때문에 생기는 돌연변이예요. 흰색은 야생에서 천적에게 쉽게 눈에 띄어 살아

새해 첫날 만난 흰까치 흰까치는 희귀종으로 예부터 길조로 여겨졌지만, 사실은 색소 결핍 때문에 생기는 돌연변이에요.

가기 힘들어요. 흰까치를 처음 발견한 뒤부터 걱정했어요. 다르다는 이유로 가족한테 따돌림을 당하고, 다른 무리에게 공격당하며 천적에게 죽임을 당할까 조마조마했어요. 그러나 흰까치는 잘 살아가고 있어요.

흰까치는 사람이 없으면 홀로 이곳저곳을 거닐며 먹이를 찾아다니고, 인기척이 나면 둘레 나무로 날아올라요. 주로 홀로 다니지만 작은 무리를 지어 다니기도 하며 행동이 빨라요. 다른 까치들보다 민첩하게 움직이는 까닭은 흰 깃털이 천적에게 눈에 잘 띈다는 사실을 적확하게 알고 있기 때문인 듯해요. 그래서 더더욱 안심하게 되었어요. 자신의 처지를 분명히 알고 있고 그에 맞춰 대처하는 생명보다 더 강한 생명은 드물 테니 말이에요. 흰까치를 자주 보지만 눈 내린 새해 첫날 아침에 만났을 때는 가슴이 두근두근 설렜어요.

공군의 상징, 겨울 철새 참매

겨울 추위가 이어질 때면 도대체 겨울이 언제 끝날지 아득해 보여요. 물까지 얼어붙으면 새는 몹시 힘들어요. 먹이는 그렇다 쳐도 물까지 먹기 어려우니 살아가기 아주 팍팍해요. 얼음이 조금이라도 녹은 곳이면 어김없이 새들이 물을 먹으려고 찾아와요. 작은 새나 동물을 잡아먹으려고 맹금 또한 날아들어요. 한겨울은 바야흐로 맹금의 계절이기도 해요.

한겨울 공원은 사람이 없어요. 햇살과 바람과 나무와 풀과 새와 내가 있을 뿐이에요. 직박구리가 요란하네요.

참매

겨울 철새, 맹금	
학명	Accipiter gentilis
분류	조강 매목 수리과 새매속
몸길이	50~56cm
특징	몸집이 크고 흰 눈썹선이 굵고 뚜렷함. 어두운 청회색 몸 윗면에 세밀한 가로줄 무늬가 있는 아랫면

눈 내린 메타세쿼이아 길 온 세상이 꽁꽁 얼어붙는 한겨울은 새들에게 혹독한 계절이지만, 작은 새들을 잡아먹는 참매 같은 맹금에게는 제 세상이에요.

텃새 직박구리가 요란하게 소리를 내며 텃세를 부려요. 자기랑 덩치가 비슷한 철새한테는 더 큰 소리를 내요. 나뭇가지 위에 내린 눈이 햇살을 받아 빛나고, 먼저 녹은 눈이

곁에 있는 눈들과 함께 화르르 떨어져요. 희디흰 빛들이 쏟아져요.

가루눈을 맞다가 메타세쿼이아 길 쪽으로 눈을 돌리니 맹금 한 마리가 나무 꼭대기에 앉아 있어요. 참매예요. 참매는 유라시아대륙과 북아메리카에 걸쳐 넓게 분포해요. 우리나라에는 겨울에 적은 수가 찾아오는 천연기념물이자 멸종위기종이에요. 겨울 철새이고 나그네새이지만 우리나라에서 번식하는 숫자도 늘어나고 있어요. 2006년 충주에서 번식 사실을 처음 발견한 뒤 여러 지역에서 번식을 확인하고 있어요.

매사냥을 하는 매가 바로 참매예요. 태어나 1년 6개월이 지나지 않은 참매를 '보라매'라고 하는데, 우리나라 공군의 상징이에요. 참매는 오랫동안 몸을 숨기고 있다가 순식간에 들이쳐서 먹이를 사냥하는 습성이 있어요. 우리가 흔히 알고 있는 가장 빠른 새, 매와 다른 종이에요. 매는 노출

된 높은 곳에 있다가 시속 300킬로미터가 넘는 속도로 내리꽂으며 사냥감을 덮쳐요. 주로 바닷가나 섬에서 서식하고 높은 곳에 잘 앉아요. 참매는 육지에서 주로 살아가고, 꿩은 물론 오리, 토끼까지 잡아먹어요. 좋아하는 장소와 사냥 방식이 달라요.

상위 포식자 참매가 생태공원에 가끔 찾아오는 것을 보면 생태공원의 환경이 좋다고 짐작할 수 있어요. 물론 참매가 생태공원만 서식지로 삼지는 않아요. 공원 뒤편 들판과 하천, 공원을 두루 날아다니며 먹이를 찾아다녀요. 행동반경이 넓어요.

메타세쿼이아 꼭대기에 앉아 있던 참매가 갑자기 날개를 펴요. 커다란 덩치의 맹금이 날개를 펴서 맞부딪치게 움직여도 얼마나 몸이 가벼운지 꼭대기 나뭇가지가 살짝 움직일 따름이에요. 날개를 펴고 사냥하러 날아가는 줄 알았는데 다시 날개를 접고 아래를 살펴보네요. 사냥 실력이

날개를 펴서 맞댄 참매 태어나 1년 6개월이 지나지 않은 참매를 '보라매'라고 하는데, 우리나라 공군의 상징이에요.

뛰어난 참매라 하더라도 함부로 사냥에 나서지 않아요. 성공하겠다는 판단이 설 때만 온 힘을 다해 사냥감을 향해 날아가요.

성대모사 재주꾼, 텃새 어치

어치는 산까치라고 부르기도 하는 영리한 새예요. 텃새이지만 번식할 때는 산속에 머물다가 겨울이 다가오면 산기슭으로 내려와요. 공원에는 9월부터 자주 보여요. 어치가 나타나면 시끄러워요. '깨액 깨액' 시끄러운 소리를 내며 자신이 왔다고 알려요.

어치는 다른 새나 동물 소리를 잘 흉내 내요. 다른 새소리를 내는 것을 9월에 확인했어요. 새를 보려고 몸을 숨기고 있는데 어치가 날아왔어요. 조용히 내 근처로 날아온 어치, 거리가 불과 5미터 거리밖에 안 되네요. 숨을 죽이

어치

텃새	
학명	Garrulus glandarius
분류	조강 참새목 까마귀과 어치속
몸길이	33cm
특징	분홍빛을 띤 갈색 등과 배, 흰 허리와 검은 꽁지. 날개덮깃에는 청색과 검은색 가로띠가 있고, 날개에는 흰색 무늬가 뚜렷함

고 지켜보는데 갑자기 까치 소리를 내요. '까깍 까깍' 2음절의 소리를 두 번 내고 조용해요. 자신은 손님 어치가 아니라 텃새 까치라는 듯 소리 내는 모습을 직접 보지 않았으면 까치 소리라고 감쪽같이 속았겠어요.

어치가 한겨울에는 '까악 까악 까악' 큰부리까마귀 소리를 냈어요. 곧바로 공원 입구 쪽에서 큰부리까마귀 소리가 났어요. 날아가는 두 마리 실제 큰부리까마귀보다 어치가 내는 소리는 좀 작네요. 큰부리까마귀 소리의 7~80% 정도 크기로 들려요.

어치가 맹금 소리를 내기도 해요. '피요요오 피요요오' 참매 소리를 내요. 어치가 몇십 초 간격을 두고 큰부리까마귀에서 참매로 소리를 옮기는 장면을 보니 어치의 소리 흉내에 혀를 내두르게 되네요.

물까치와 기러기까지 흉내 내는 소리를 들었어요. 자신의 원래 소리까지 합하면 무려 여섯 가지 소리를 냈어요.

까각 까각(까치)

까악 까악 까악(큰부리까마귀)

피요오오 피요오오(참매)

끼이이이익 끼이이이익(물까치)

끼루 끼루 끼루(기러기)

깩 깩 깩 깩 깩 깩(어치)

심지어 까치 소리는 한 마리가 아니라 여러 마리가 내는 소리 같았어요. 어치가 흉내 낸 새를 보면 한결같이 어치보다 몸집이 크고 공원에 오는 새들이에요. 왜 어치는 다른 새소리를 낼까요. 다른 새소리를 내려면 다른 새소리를 귀담아들어야 하고 기억해야 하며 떠올리고 연습해야 하는 여러 과정을 거쳐야 해요. 기억하는 소리를 제대로 따라 하기 위해서는 고도의 에너지와 지능이 필요해요. 상대를 속이기 위한 높은 지능이 있어야 가능해요.

다른 새소리를 흉내 내는 까닭은 영역을 확보하고 먹이

까치 소리를 흉내 내는 가을 어치 어치는 까치에서 물까치, 기러기, 참매까지 여러 새의 소리를 똑같이 흉내 낼 수 있어요.

큰부리까마귀 소리를 흉내 내는 겨울 어치 어치가 다른 새소리를 흉내 내는 까닭은 영역을 확보하고 먹이를 찾기에 유리한 처지에 있으려는 목적이에요.

를 찾기에 유리한 처지에 있으려는 목적이 있을 것 같아요. 성별이 다른 상대에게 자기가 얼마나 똑똑하고 힘센지 알려 주려는 목적도 있을 거예요. 어쨌거나 자신에게 분명 이롭기에 소리 흉내를 낸다고 할 수 있어요. 그러나 어치 소리를 여러 번 들으며 '아, 이 친구, 흉내를 좋아하는구나! 성대모사를 즐기고 있구나! 성대모사로 유명한 개그맨처럼 자기 소리에 취해 자꾸 성대모사를 하는구나, 흉내 소리는 이 친구에게 흥겨운 노래구나!' 하고 생각했어요.

봄 공원에 찾아오는 새들

　우리나라 새는 텃새 비중이 아주 낮고 철새가 대부분이에요. 철새는 날씨에 따라 번식지와 월동지를 오가는데, 우리나라가 번식지도 아니고 월동지도 아닌 철새가 있어요. 이들은 번식지와 월동지로 이동할 때 우리나라를 잠깐 거쳐 가기만 할 뿐 오래 머물지 않아요. 나그네처럼 잠깐 왔다 간다고 하여 '나그네새'라고 불러요. '통과 철새'라고 부르기도 해요.

　우리나라 대표 나그네새는 도요물떼새예요. 도요새와 물떼새를 합쳐 도요물떼새라고 하는데, 봄과 가을에 우리

'삐비삑삑' 소리를 내는 나그네새 삑삑도요 공원의 물가를 찾아와 물을 먹기도 하고 물속에서 날개를 파닥이며 목욕하기도 해요.

나라를 거쳐 가는 나그네새이지요. 아주 적은 수가 우리나라를 번식지로 이용하여 새끼를 치고 겨울을 나기도 하지만 대부분 그렇지 않아요. 봄에는 우리나라를 비롯한 중

간 기착지에서 머물며 이동하는 동안 고갈된 체력을 회복한 뒤 번식지인 북극권으로 날아가요.

도요물떼새 중에 삑삑도요를 공원 정화지에서 볼 수 있어요. 물이 낮게 깔려 있어서 물을 먹으러 오기도 하고 물속에서 날개를 파닥이며 목욕하기도 해요. 날아갈 때 '삐비삑삑' 소리를 내는 삑삑도요는 나그네새이지만, 일부가 공원 둘레에서 겨울을 나기도 하여 사계절 내내 볼 수 있어요. 공원에서 나그네새 깝작도요와 알락도요를 보기도 했어요.

유리딱새는 나그네새이지만 우리나라에서 적은 수가 월동하기도 해요. 봄날에 주황색 옆구리와 파란색 꼬리 깃털을 가진 유리딱새를 보면 사방이 환해져요. 만물이 생동하는 봄날에 유리딱새는 꼬리를 위아래로 흔들면서 봄기운을 한껏 끌어올려요.

나그네새 쇠솔딱새는 참새보다 작은 새로 얼굴에 비해

봄기운을 몰고 온 유리딱새 봄날에 주황색 옆구리와 파란색 꼬리 깃털을 가진 유리딱새를 보면 사방이 환해져요.

까만 콩 눈을 반짝이는 쇠솔딱새 먹이가 나타나면 잽싸게 날아올라 부리로 먹이를 잡은 뒤 원래 앉았던 나뭇가지로 돌아와 먹이를 먹어요.

눈이 왕방울처럼 커요. 검은콩처럼 까맣게 반짝이는 눈으로 숲 가장자리에 앉아 있다가 먹이가 나타나면 잽싸게 날아올라요. 부리로 먹이를 잡은 뒤 원래 앉았던 나뭇가지로 돌아와 먹이를 먹는 습성이 있어요. 솔딱새, 제비딱새도 쇠솔딱새와 마찬가지 습성을 가진 새로 공원에서 모두 볼 수 있어요.

철새는 대부분 무리를 지어 이동해요. 무리를 지어 이동하면 홀로 이동할 때보다 번식지나 월동지로 수월하게 이동할 수 있기 때문이에요. 가끔 무리를 이탈해서 우연히 우리나라에 찾아오는 새가 있어요. 태풍 같은 날씨의 급변화를 만나거나 체력의 한계 때문에, 또는 알 수 없는 까닭으로 경로를 벗어난 새가 보이는데 이들을 '길잃은새'라고 해요.

길잃은새를 보기 좋은 곳은 섬이에요. 새들이 이동하는 시기에 새를 보는 사람들이 새들의 경로에 있는 섬을 찾아 평소에 볼 수 없는 새를 보려고 해요. 동네 공원도 나그네

아주 보기 힘든 검은할미새사촌 검은할미새사촌은 무리와 함께 이동하던 중 무리를 이탈해 우리나라를 찾는 '길잃은새'예요.

새뿐만 아니라 어쩌다가 길잃은새를 볼 수 있어요. 2022년 5월 15일에 만난 검은할미새사촌은 찔레나무 진한 꽃향기와 함께 찾아왔어요. '휫휫휫휫 휘, 휫휫휫휫 휘' 버드나무에서 소리를 냈어요. 섬에서도 보기 힘든 검은할미새사촌을 동네 공원에서 만나 가슴이 마구 콩닥거렸어요.

꿩 같은 텃새와 개개비, 노랑할미새, 숲새, 제비 같은 여름 철새, 검은딱새, 울새, 휘파람새 같은 나그네새와 길잃은새까지 볼 수 있는 봄은 환희로 들끓어요. 그저 공원으로 발을 내딛기만 해도 축제가 펼쳐져요. 새의 노래가 다채롭게 울려 퍼지고, 짝짓기도 활발하게 이루어지며, 꽃과 어우러져 화조도가 여기저기 그려져요. 어서 새소리 즐거운 현장, 공원으로 들어가 봐요.

나무한테 노래를 불러 주다, 텃새 노랑턱멧새

서울보다 북쪽 지역이다 보니 4월이 되어야 비로소 완연한 봄기운이 퍼지고 나무에 꽃이 피어요. 노란 꽃이 피는 산수유나무랑 개나리, 흰 꽃이 피는 조팝나무랑 목련, 붉은 꽃이 피는 명자나무랑 홍매화, 보라색 꽃이 피는 박태기나무랑 수수꽃다리 같은 온갖 나무가 꽃을 피우고, 크고 화려한 벚나무 꽃이 눈길을 끌어요. 이곳저곳 어디에 눈을 두어도 꽃, 꽃밭이에요.

꽃이 눈과 코를 즐겁게 한다면 새는 눈과 귀를 즐겁게 하며 꽃 공원을 더 아름답게 물들여요. 꽃 피는 때에 맞춰

노랑턱멧새

텃새	
학명	Emberiza elegans
분류	조강 참새목 멧새과 멧새속
몸길이	16cm
특징	갈색 몸에 도톰하고 짧은 부리. 수컷은 눈 위에서부터 뒷머리까지, 그리고 턱이 노란색임

새의 번식이 활발하게 이루어져요. 수컷이 암컷 마음에 들게 하려고 깃털을 화려한 색깔로 바꾸기도 하고 짝을 부르는 노랫소리가 다채로워져요. 박새가 나무 위에서 노래하고, 뒤질세라 쇠박새가 노래해요. 청딱따구리가 공원이 떠나가도록 소리를 내고, 오색딱따구리는 나무를 빠르게 두드리는 '드러밍' 소리를 내요. 모두 텃새예요. 여름 철새가 와서 경쟁이 치열해지기 전에 알을 낳아 새끼를 키우려고 부지런하게 움직인 덕분에 이미 새끼를 둥지에서 독립시킨 새도 있어요.

텃새 중에 아름다운 목소리라면 단연 노랑턱멧새를 들 수 있어요. 뾰족 솟은 검정 머리깃 때문에 노랑턱멧새를 보면 사춘기 소년을 보는 듯해요. 머리카락에 힘을 잔뜩 주는 모습은 사춘기 소년과 닮았지만 다른 게 많아요. 소년처럼 얼굴에 여드름이 생기는 게 아니라 자라면서 깃털이 더 환해지고, 소년처럼 변성기가 오는 게 아니라 더할 나위 없이 노래가 경쾌해져요.

메타세쿼이아 길의 노란 개나리 공원이 아름다운 꽃들로 가득 차는 봄이 오면 꽃 피는 때에 맞춰 새들의 번식도 활발해져요.

노랑턱멧새는 사시사철 언제나 볼 수 있고, 멧새과 새 가운데서 가장 쉽게 볼 수 있는 새예요. 번식 시기에 짙어진 노란 색깔이 그때가 아니면 옅어지지만 그래도 여전히 턱과 눈썹선이 노르스름하고 검정 머리깃까지 솟아 있어 한없이 귀여워요. 흰 눈밭에서 먹이를 찾고 있는 노랑턱멧새 수컷을 볼라치면 우리나라에 이렇게 이쁜 텃새가 있나 놀라요. 노랑턱멧새는 텃새이지만, 늦가을부터 겨울 철새들이 북쪽에서 내려오면서 숫자가 더 많아져요.

 북쪽에서 내려왔던 새들이 돌아갈 즈음 텃새들은 번식을 시작해요. 노랑턱멧새는 2월부터 짝을 부르는 노래를 불러요. 2022년 2월 19일이었어요. 기온이 영하 10℃ 밑으로 뚝 떨어졌다가 다시 올랐지만 서늘한 기운이 남아 있어요. 공원 안 물이란 물은 다 얼었어요. 얼어붙은 공원에서 노랑턱멧새 한 마리가 벚나무 가지에 앉아 노래해요. '쪼리리리리리리리리리리' 빠르게 음을 높였다가 내렸다가 리듬을 타며 쉬지 않고 노래하는 노랑턱멧새. 마치 벚나무에게 노래를 불러 주는 것 같아요.
 "벚나무야, 벚나무야. 봄이 오고 있어. 네가 꽃 피워야 봄이지만, 봄기운이 돌고 있어. 어서 꽃을 피우렴. 힘내서

노랑턱멧새 암컷 노랑턱멧새는 멧새과 가운데서 가장 쉽게 볼 수 있어 공원에서 사시사철 볼 수 있어요.

꽃을 피우렴. 너를 부르는, 봄을 부르는 노래를 할게."
 '쪼리리리리리리리리리리' 소리가 겨울 공원을 따스한 공간으로 바꾸었어요.

혼자가 아니다, 여름 철새 물총새

물총새는 여름 철새이지만 우리나라에서 겨울을 나기도 해요. 아름다운 비취색 깃털을 가졌다고 하여 옛날에는 '비취새'라 불렀어요. 물총새를 실제로 보면 깃털 빛깔이 아주 푸르고 선명해요. 물가 버드나무 가지에 앉아 있는 모습을 보면 황홀해요. 나뭇가지에 앉아 물속을 보다가 총알처럼 몸을 날려 물고기를 잡는다고 물총새예요. 얼마나 물고기를 잘 잡는지 영어 이름이 '물고기 사냥꾼의 왕(Common Kingfisher)'이에요.

물총새가 옆으로 뻗은 버드나무 가지에 앉았다가 물속

물총새

여름 철새 또는 텃새	
학명	Alcedo atthis
분류	조강 파랑새목 물총새과 물총새속
몸길이	17cm
특징	어두운 녹색 머리에 청백색 반점이 있음. 파란 등과 허리, 주황색 몸 아랫면

으로 다이빙하는 모습을 본 적이 있어요. 어찌나 빠르던지 물총새가 물속으로 날아내리는 모습을 본떠서 일본의 고속철도를 만들었다는 이야기가 이해되었어요. 물총새가 두툼한 부리로 방금 잡아 살아있는 물고기를 물고 있는 장면을 여러 번 보았어요. 물고기를 패대기쳐서 기절시킨 뒤 꿀꺽 삼키는 모습까지 보고 나면 '물고기 사냥꾼의 왕'이라는 말에 고개를 끄덕이게 돼요.

물총새는 주로 깨끗한 물가에서 살아요. 나무에 앉아서도 물고기가 훤히 보여야 사냥을 할 수 있기 때문이에요. 종종 맑은 물에 몸을 씻고, 햇빛 잘 드는 나뭇가지에 앉아 깃털을 골라요. 때로는 물 위에서 정지비행을 하기도 해요.

물총새 둥지를 두 번 봤어요. 한 번은 습지로 들어오는 하천 흙벽에서 봤어요. 흙벽은 콘크리트 벽 사이로 난 작은 공간이었는데, 그곳으로 물총새가 먹이를 물고 드나들었어요. 물고기가 많은 습지에서 물고기를 잡아 쏜살같이

사냥한 피라미를 부리에 물고 있는 물총새 물총새는 나뭇가지에 앉아 있다 쏜살같이 물속으로 뛰어들어 물고기를 사냥해요.

둥지로 날아가는 모습을 여러 번 보았어요. 또 한 번은 왕릉 숲 옛 건물 옆이었어요. 낮은 흙 두둑에 둥지를 틀었는데, 어쩌다 그런 곳에 둥지를 틀었는지 걱정부터 했어요.

수십 미터 거리밖에 안 되는 곳에 논이 있어 물과 먹이가 풍부해 보였지만, 사람들 왕래가 잦은 곳이었어요. 산책하러 왕릉에 온 사람들이 계속 지나다녀서 물고기 먹이를 부리에 물고 둥지에 들어가지 못한 채 근처에서 이리 날다 저리 날다 조급해하는 어미를 보았어요. 안타까웠지만 자리를 비켜 줄 뿐 물총새를 도울 길이 없었어요.

물총새가 공원을 자주 찾아와요. 공원 뒤편 하천 흙벽에 구멍을 파고 둥지를 만들었으리라 짐작해요. 공원에 정화지며 생태연못이 있고, 그곳에 물고기가 살아 자주 오는 듯해요. 어느 날 소리를 내며 날던 물총새가 생태연못 나뭇가지에 앉았어요. 부리에 잠자리를 물고 있었어요. 잠자리를 패대기쳐 기절시킨 뒤 곧바로 먹어 버리네요.

공원에서 물총새 세 마리를 한꺼번에 보기도 했어요. 수컷 홀로 갈대를 붙잡기도 하고, 암수가 횃대에 함께 앉아 있기도 해요. 공원에는 생태연못에 횃대가 있어요. 물총새가 물속을 잘 들여다볼 만한 곳에 나뭇가지를 꽂아 놓았

횃대에 앉아 있는 물총새 수컷(왼쪽)과 암컷(오른쪽) 암수 두 마리가 횃대에 나란히 앉아 있는 모습은 아주 보기 드문 장면이에요.

어요. 이러한 배려 덕분에 물총새가 가끔 횃대에 앉는데 그날은 암컷이 위에, 수컷이 아래쪽에 함께 앉아 있었어요. 두 마리가 나란히 앉아 있는 건 드문 경우인데 수컷이 아주 다소곳해요. 암컷에게 잘못한 것일까요, 아니면 암컷 눈에 들어야 할 일이 있을까요. 먹이를 잡아 와야 하는데 그렇게 하지 못한 게 아닐까요.

"이봐요, 물고기를 한 마리도 못 잡은 거예요?"

"미안해요, 실수했을 뿐이에요. 다시 사냥해 올게요."

다소곳한 수컷 모습이 잘못한 가장 같아요. 곧 사냥에 나서면 그때는 성공해서 암컷에게 먹이를 바치며 득의만만 하기를 기원하게 되네요.

꽃보다 더 꽃이다, 여름 철새 흰눈썹황금새

흰눈썹황금새는 꽃과 새가 어우러진 우리나라 민화 화조도에 등장하지는 않지만, 홀로 화조도가 될 수 있을 만큼 아름다운 새예요. 우리나라에서 가장 아름다운 새 몇 종을 꼽으라면 단연 으뜸으로 넣겠어요.

흰눈썹황금새는 이름 그대로 눈썹은 흰색이고 몸 아래쪽은 황금색, 곧 노란색이에요. 수컷은 몸 아랫면이 완전히 노랗고, 몸 윗면은 까만색이에요. 부리까지 까만색에 흰 눈썹과 아래꼬리덮깃이 흰색이라서 눈에 확 띄어요. 이에 반해 암컷은 수수한 아름다움이에요. 윗면은 녹회색이

흰눈썹황금새

여름 철새	
학명	Ficedula zanthopygia
분류	조강 참새목 솔딱새과 황금새속
몸길이	13cm
특징	검은색 몸 윗면에 흰 눈썹선 있음. 몸 아랫면이 황금처럼 노랗고 선명함

고, 아랫면은 흰색에 가까운 옅은 노란색이에요.

흰눈썹황금새가 공원을 나그네처럼 오가기도 하고 번식도 해요. 4월 말쯤이면 수양벚나무 근처 버드나무에서 수컷 홀로 날아다니고 있는 모습을 볼 수 있어요. 햇살을 받아 더욱 화려한 빛깔로 조용하고 낮게 날아다녀요. 이내 노래를 들을 수 있어요. '삐요비잇 삐요비잇 삐요비이삐잇 삐요비이삐잇' 소리를 내요. 내지르듯이 내는 소리이지만 자꾸만 듣고 싶게 맑은 소리를 내요. 자작나무 근처에서 한참 노래하던 수컷이 숲속으로 들어가네요.

수컷이 노래하고 있으면 암컷이 뒤늦게 와서 정착할 만한지 살펴봐요. 수컷과 함께 새끼를 칠 만한지 따지는 거예요. 그때까지 수컷은 계속 힘차게 노래해요. 다른 수컷은 오지 못하게 막고, 암컷에게는 자신이 얼마나 힘센지 알리는 노래예요. 4월 말에 온 흰눈썹황금새 수컷이 때로 6월 초까지 홀로 노래하기도 해요. 그때쯤이면 공원에서

수수하게 아름다운 흰눈썹황금새 암컷 눈에 확 띌 정도로 아름다운 몸 빛깔의 수컷과 달리, 암컷은 수수한 편이에요.

노래하는 흰눈썹황금새 수컷 수컷은 이름 그대로 흰 눈썹선이 있고, 몸 아랫면이 황금처럼 노랗고 선명해요.

꾀꼬리 소리도 들을 수 있어요. '꾜오 꾜오 꾜오끼오 꾜오 꾜오끼오' 공원의 새소리 가운데 꾀꼬리 소리가 가장 커요. 꾀꼬리는 두 마리씩, 그러니까 쌍으로 날아다니며 소리를 내요. 이때쯤은 뻐꾸기 소리가 정겨운 때이기도 해요. '호꾹 호꾹' 하는 뻐꾸기 소리는 평화스러워요.

2023년에는 6월에야 비로소 암컷과 함께 있는 흰눈썹황금새 수컷을 보았어요. 한 달 넘게 수컷 홀로 노래한 거예요. 수컷이 벚나무 안에서 조용히 날아다니다가 숲으로 들어가자 조금 뒤 암컷이 숲으로 또 들어갔어요. 숲에서 분명 둥지 틀고 새끼를 키우고 있을 거예요.

흰눈썹황금새는 깊은 숲을 좋아해요. 그렇지만 때로 산책로 옆에 둥지를 틀기도 해요. 공원에서 둥지를 튼 곳도 산책로에서 불과 5미터도 떨어지지 않았어요.

흰눈썹황금새는 먹이를 물고 둥지에 곧바로 들어가지 않았어요. 둥지 근처에서 머물며 둘레를 살펴본 뒤 둥지에

공원에서 태어난 흰눈썹황금새 어린새 흰눈썹황금새는 깊은 숲을 좋아하지만, 공원 산책로 가까이에 둥지를 틀고 새끼를 기르기도 해요.

들어가 새끼에게 먹이를 주었어요. 수컷이 먹이를 주고 날아가자 곧바로 암컷이 벌레를 물고 왔어요. 암컷 역시 곧바로 둥지에 들어가지 않고 둥지 근처에서 안전을 확인한 뒤 새끼에게 먹이를 전했어요. 가만히 귀 기울이면 둥지에서 새끼들의 소리가 들렸어요.

우리 동네 공원의 '화조도'
– 진박새·오목눈이·흰뺨검둥오리·검은댕기해오라기

버드나무 꽃과 진박새 텃새인 진박새는 나무 구멍이나 딱따구리가 뚫어 놓은 구멍 또는 나무줄기가 갈라진 틈에 둥지를 짓고 5~8개의 알을 낳아요.

벚꽃과 오목눈이 오목눈이는 아주 흔한 텃새로, 평상시에는 열 마리 가까이 무리 지어 살다가 번식기에는 암수가 쌍을 이루어 무리에서 따로 떨어져 나와 생활해요.

남개연과 흰뺨검둥오리 흰뺨검둥오리는 아주 흔한 텃새 또는 겨울 철새로, 물가의 풀밭, 갈대밭에 둥지를 틀고 풀씨, 나무 열매를 먹거나 물속 곤충 따위를 잡아먹어요.

수련과 검은댕기해오라기 전국적으로 번식하는 여름 철새로, 5~6월쯤 알을 낳으며 야간이나 인적이 없을 때 강변에 나와 작은 물고기나 개구리, 가재 따위를 잡아먹어요.

3부

여름

여름 공원에 찾아오는 새들

여름 철새는 봄에 우리나라에 와서 번식하고, 가을에 월동지로 돌아가는 새예요. 우리나라보다 위도가 낮은 동남아시아 등지에서 겨울을 나고, 봄에 우리나라에 와요. 월동지와 달리 우리나라는 봄과 여름에 새들의 먹이가 폭발적으로 늘어나기 때문에 여러 마리 새끼를 키우기에 좋은 환경이에요. 그래서 여름 철새가 기꺼이 수천 킬로미터를 날아오는 거죠.

번식은 무척 힘든 과정이에요. 짝을 찾는 것부터 쉽지 않아요. 좋은 짝을 찾기 위해 깃털 색깔을 바꾸고, 목숨

곤충을 물고 있는 되지빠귀 어미 여름 철새인 되지빠귀의 노래를 듣고 있으면 맑고 투명한 소리 덕분에 머리가 맑아져요.

걸고 노래를 부르기도 해요. 알을 낳기 위한 둥지를 짓는 과정도, 알을 온종일 품는 과정도, 둥지를 떠날 때까지 먹이를 공급하는 과정도, 어린새가 날갯짓하고 독립할 때까지 지켜주는 과정도, 어느 하나 만만한 게 없어요. 그렇더라도 기꺼이 그 힘든 여정을 밟아 나가요.

공원에서 번식하기 위해 찾아오는 여름 철새 중 되지빠귀가 있어요. 지빠귀 종류는 대부분 아름다운 목소리를

73

'호꾹호꾹' 소리를 내는 뻐꾸기 뻐꾸기는 남의 둥지에 알을 낳아 남이 자신의 새끼를 대신 키우게 하는 새로 유명해요.

갖고 있어 가수로 통해요. 실제로 되지빠귀의 노래를 듣고 있으면 맑고 투명한 소리 덕분에 머리가 맑아져요. 되지빠귀는 공원에서 해마다 번식하고, 흰배지빠귀와 대륙검은지빠귀도 공원과 멀지 않은 곳에서 번식해요.

뻐꾸기는 '호꾹 호꾹' 소리가 매력이에요. 듣는 순간 고향으로 돌아가게 하는 정서를 불러일으키는 뻐꾸기가 주로 공원 바깥쪽에서 노래해요. 뻐꾸기는 남의 둥지에 알을 낳아 남이 자신의 새끼를 대신 키우게 하는 새로 유명하죠. 비록 남의 둥지에 알을 낳지만, 둥지를 떠나지 않고 '호꾹 호꾹' 소리를 내며 자기가 진짜 어미라고 새끼가 자랄 때까지 소리를 내요.

파랑새는 해마다 공원에서 번식해요. 청록색 몸에 검은색 머리, 붉은 부리와 다리가 강렬해요. 색깔만 강렬한 게 아니라 '꽉 꽉 꽈과곽 꽈과곽' 거친 소리를 내질러요. 성질도 사나워요. 스스로 둥지를 짓지 못하는 파랑새는 딱따구리가 파 놓은 구멍에 들어가서 알을 낳거나 까치집에 둥지를 틀어요. 구멍에 딱따구리가 있어도, 까치집에 까치가 있어도 그들과 싸워서 쫓아내요.

꾀꼬리는 우리나라 최초의 서정가요라고 알려진 고구려 유리왕의 〈황조가〉 덕분에 유명해요.

펄펄 나는 저 꾀꼬리

암수 서로 정답구나

외로운 이내 몸은

누구와 함께 돌아갈거나

- 유리왕 〈황조가〉

교과서에서 배운 것처럼 짝지을 때 보면 정다워요. 새끼를 키울 때도 암컷과 수컷 모두 열심이에요. 노랫소리가 아름답지만 때로 '깨액 꽤액', '피유웅 피유웅' 기괴한 소리를 내기도 해요.

새가 번식할 때 둥지를 짓는 까닭은 알을 보호하기 위해서예요. 알에서 깨어나 스스로 독립할 때까지 새끼를 지켜주기 위해서지요. 방어 능력이 전혀 없는 알과 새끼를 지

매미를 물고 있는 파랑새 어미 여름 철새인 파랑새는 딱따구리가 파 놓은 구멍에 들어가서 알을 낳거나 까치집에 둥지를 틀어요.

꾀꼬리 어미와 어린새(오른쪽) 꾀꼬리는 암컷과 수컷이 함께 힘을 합쳐 새끼를 키워요.

키기 위해 어미는 무척 예민해요. 천적이 발견하면 둥지와 새끼를 포기하기도 해요. 그러니 여름 철새를 관찰할 때는 조심해야 해요. 그들이 불안해하지 않도록 가까이 가지 않아야 하고, 둥지를 찾아도 모른 척하며 넘어가는 아량이 필요해요. 설사 개개비, 새호리기, 쇠백로, 황로 같은 여름 철새가 번식하는 과정을 보더라도 소 닭 보듯 무심하게, 그러나 애정을 담아, 한 번 살펴볼까요?

이곳이 고향이다, 여름 철새 쇠물닭

여름 햇살이 뜨거워요. 나뭇잎을 다닥다닥 달고 있는 나무와 키가 한껏 자란 들풀이 앞을 가로막아 틈이 잘 보이지 않아요. 겨울에는 공원 맞은편까지 훤히 보이지만 지금은 굽은 길이 있으면 금방 혼자가 되네요. 산딸나무 흰 꽃이 활짝 피어 있고, 벚나무에 버찌가 까맣게 익어 산새들이 즐겨 따먹고 있어요. 땅은 노란 금계국과 흰 개망초 천지라서 어느 자리에 서든 꽃밭에 서 있게 되네요. 주황색 능소화 덩굴이 나무줄기를 타고 오르고 있어요.

쇠물닭은 해마다 공원에서 번식해요. 둥지를 짓는 모습

쇠물닭

여름 철새	
학명	Gallinula chloropus
분류	조강 두루미목 뜸부기과 쇠물닭속
몸길이	32cm
특징	검은색 몸에 붉은 이마판이 있음. 어깨, 등, 허리, 어깨깃 등은 어두운 갈색임

금계국이 핀 여름 공원 여름에는 공원 전체에 아름다운 꽃들이 활짝 피어 꽃밭을 이루어요.

을 본 적이 있어요. 정화지에 있는 물풀 줄기를 부리로 물어 옮겨 차근차근 둥지를 지었어요. 풀숲에서 나올 때는 천천히 나와요. 나오다가 한 번씩 깃털을 다듬거나 날개를 활짝 펴고 스트레칭을 하거나 부리로 여기저기 뒤적거리기도 해요. 그러나 풀줄기를 물었을 때는 쏜살같이 풀숲으로 달려들어요. 풀숲에는 쇠물닭이 한 마리 더 있어요. 한 마리는 풀줄기를 뽑거나 잘라 둥지 재료로 물어 나르고, 둥지는 두 마리가 함께 짓는 것 같았어요. 물에 뜨도록 물풀로 짓는 둥지에 곧 알이 담기고 새끼가 자랄 거예요.

여름날 쇠물닭 한 마리가 풀숲에서 나와 수련 잎 위를 성큼성큼 걸으며 초록 잎이며 노랗거나 흰 꽃을 쪼아요. 작은 벌레를 잡는 듯해요. 쇠물닭이 방향을 틀어 물가 갈대밭 쪽으로 걸어가니 '와아' 거기 어린새 세 마리가 오글오글 모여 있어요. 둥지에 있는 제비를 보면 어미가 먹이를 물고 왔을 때 자기에게 먹이를 달라고 부리를 쫘악 벌리며 같이 자라고 있는 형제들과 몸싸움을 하는데, 쇠물닭 어린새는 전혀 움직이지 않아요. 엄격한 어미가 꼼짝하지 말라고 단단히 엄포를 놓은 듯해요. 어미 쇠물닭은 세 마리 어린새 중 제일 오른쪽에 있는 어린새 부리에 먹이를 넣어 주네요. 다른 어린 쇠물닭은 전혀 움직이지 않아요.

쇠물닭은 6개에서 10개까지 알을 낳는다고 해요. 공원에서 살펴본 경험에 의하면 어린새까지 양육에 성공한 경우는 5마리까지 보았어요. 어느 해에는 4마리였던 어린새가

쇠물닭 어미(왼쪽)와 어린새(오른쪽) 쇠물닭은 6개에서 10개까지 알을 낳아요.

수련 잎 위를 걷는 쇠물닭 어린새 어린새들은 사냥이 능숙하지 못해 어미가 잡아 주는 먹이에 더 의존해요. 새끼 때 검은색이던 깃털은 갈색으로 변했다가 어른이 되면 다시 검은색으로 변해요.

다음 주에는 3마리밖에 안 보일 때가 있었어요. 천적에게 해코지당했는지 한 마리가 보이지 않으면 가슴이 아파요. 어린새들은 연잎 위를 돌아다니며 사냥하지만 능숙하지 못해요. 어미가 잡아 주는 먹이에 더 의존해요. 스스로 살아갈 때까지는 어미의 도움이 필요해요.

어미랑 어린새가 있는 곳에 왜가리가 날아와 내려앉을 때가 있어요. 쇠물닭 어미와 어린새 모두 깜짝 놀라 펄쩍거리며 마구 소리를 질러요. 왜가리는 전혀 개의치 않아요. 워낙 덩치 차이가 크게 나기도 해요. 쇠물닭은 소리를 지르다 이내 그만두고 하던 일을 이어 가요.

천연기념물, 여름 철새 솔부엉이

천연기념물은 보존 가치가 있는 생물이나 자연물을 보호하기 위해 국가유산청(옛 문화재청)에서 지정해요. 새는 46종이에요. 멸종 위기에 처한 새가 대부분이지만 멸종 위기에 처한 생물은 환경부에서 따로 정해요. 그러니 천연기념물은 역사나 문화재로서 가치가 있는 생물이에요.

황조롱이는 전국 어디서나 사시사철 볼 수 있는 텃새예요. 아파트 베란다에 맹금이 번식했다는 소식을 종종 듣는데 황조롱이라고 보면 거의 틀림없어요. 도시화에 성공한 황조롱이는 멸종 위기를 걱정할 필요가 없지만, 천연기

솔부엉이

여름 철새	
학명	Ninox scutulata
분류	조강 올빼미목 올빼미과 솔부엉이속
몸길이	27.5~30cm
특징	암수가 같은 색으로 몸 윗면이 흑갈색임. 흰 몸 아랫면에 흑갈색 세로 줄무늬가 있음

념물이에요. 원앙도 전국 어디서나 사시사철 볼 수 있는 텃새예요. 겨울에는 철새까지 합류해 더 많은 원앙을 볼 수 있어요. 멸종 위기를 걱정할 필요가 없지만, 원앙도 천연기념물이에요.

솔부엉이도 천연기념물이에요. 봄 숲에 들었을 때 '후욱 후욱' 하는 솔부엉이 소리를 들을 수 있어요. 소나무가 많은 곳에 산다고 솔부엉이라고 불러요. 귀깃(우각)이 없으면 올빼미, 귀깃이 있으면 부엉이라고 흔히 말하지만, 솔부엉이는 부엉이지만 귀깃이 없어요. 생김새만으로 구분해서는 안 된다고 솔부엉이가 알려 줘요.

솔부엉이는 드물지 않게 볼 수 있는 여름 철새로 야행성이에요. 짝짓기를 마친 암수는 숲속 나무 구멍이나 묵은 까치집에 자리를 잡고 사람이 달아 놓은 둥지에도 알을 낳아요. 깊은 산속보다는 인가 근처에 있는 나무에서 번식해요. 숲이 울창한 왕릉에서도 번식하지만, 아파트가 즐비한

솔부엉이 어미(왼쪽)와 어린새(오른쪽) 여름 철새인 솔부엉이는 숲속 나무 구멍 같은 둥지에 알을 낳고 새끼를 길러요.

눈 감고 자는 솔부엉이 솔부엉이는 낮에는 자고, 주로 밤에 활동하는 야행성이에요.

동네 뒷산 자락에서 솔부엉이 번식을 본 적도 있어요. 낮에만 문을 열고 밤에는 문을 닫는 생태공원에서는 야행성 새를 보기 어려워요. 그러나 이따금 수리부엉이가 찾아오는 공원이니만큼 솔부엉이 번식을 기대할 수 있는 장소였어요.

드디어 생태공원에서 솔부엉이를 봤어요. 2023년 8월 7일 월요일 아침이에요. 쨍쨍한 아침 햇살, 사방에 꽉 찬 듯한 말매미 소리가 더위의 절정이라 알리는 듯해요. 가만히 걸어도 땀이 흐르는 시기, 그러나 번식을 끝낸 새들은 이미 다음 계절을 준비하기 위해 이주를 시작했어요.

공원의 나무들도 다음 계절을 준비하고 있어요. 버드나무가 나뭇잎에 물을 보내지 않아 오그라뜨리더니 그예 떨어뜨리고 있어요. 낙엽이 수북한 곳도 있어요. 아까시나무도 이파리를 갈색으로 바꾸고 있어요. 메타세쿼이아, 느티나무, 찔레나무, 조릿대도 나뭇잎을 가을 색깔, 갈색으로 물들이고 있어요. 화살나무는 벌써 빨갛게 물들인 나뭇잎이 있어요. 계절의 변화를 느끼며 산책로를 걷다가 나란히 앉아 있는 솔부엉이 두 마리와 눈이 딱 마주쳤어요.

산책로에서 불과 10미터도 안 되는 거리예요. 순간, 가슴이 덜컥 내려앉았어요. 너무 반가워서 놀라다 보니 그만 얼어붙었어요. 눈을 동그랗게 뜨고 반짝반짝하는 솔부엉이 어미와 어린새가 세상에 대한 호기심이 가득한 듯 보여요. 너무 귀여워 입을 다물지 못하는데 어미가 금방 날아가네요. 반면에 어린새는 나와 마찬가지로 얼어붙어 눈을 마주치고도 날아가지 않고 자리를 지켜요. 조용히 사진을 찍고 자리를 비켰어요.

일주일 뒤 솔부엉이 어미와 어린새를 지난주와 같은 자리에서 다시 봤어요. 이번에 솔부엉이는 잠을 자고 있어요. 야행성인 솔부엉이가 낮에 자는 것은 자연스러워요. 눈을 뜨고 있는 모습을 본 탓에 자꾸 잊어버리지만 사실 낮에 눈을 뜨고 있는 솔부엉이는 인기척에 놀라 깨어났다고 볼 수 있어요. 솔부엉이는 낮에 자야 해요. 그래야 밤에 사냥을 온전히 하고 살아가는 데 무리가 없어요. 여름날 공원을 걸을 때는 야행성 새를 깨우지 않도록 조심해야겠어요.

멸종위기종, 여름 철새 붉은배새매

'맹금' 하면 떠올리는 독수리나 흰꼬리수리, 참매나 참수리가 모두 겨울 철새예요. 소나무 위에 앉아 있다가 빈 들판에 있는 먹이를 향해 쏜살같이 날아가 사냥하는 흰꼬리수리나 산 위 나무에 앉았다가 강으로 돌진해서 물고기를 사냥하는 참수리를 보면 맹금의 위용에 감탄하게 돼요. 이들을 보고 싶어 겨울을 기다리기도 해요. 워낙 겨울과 맹금이 어울리다 보니 여름에 맹금을 보면 진귀한 새를 만난 듯해요. 여름에 만나는 맹금은 짝짓기하고 알을 낳아 부화시켜 기르는 과정을 우리나라에서 온전히 치르니 실제로 참 진귀하다고 할 수 있어요.

붉은배새매

여름 철새	
학명	Accipiter soloensis
분류	조강 매목 수리과 붉은배새매속
몸길이	30~33cm
특징	푸른색을 띤 회색 몸 윗면, 주황색 가슴과 흰 아랫배. 수컷 홍채는 암갈색이고, 암컷은 노란색

붉은배새매는 천연기념물이자 멸종위기종 2급이에요. 역사나 문화재로서 가치가 있는 생물이거니와 멸종을 걱정해야 할 새예요. 붉은배새매를 보면 해마루촌이 당연한 듯 떠올라요. 해마루촌은 비무장지대(DMZ) 남방한계선으로부터 2km 떨어진 곳에 자리해요. 실향민 정착 계획에 따라 만든 마을이에요. 마을의 이전 이름인 '동파리(東坡里)'를 '동(東)'은 '해', '파(坡)'는 '마루'라고 해석하여 해마루촌이라 했어요. 총을 든 군인이 방문한 사람 신분증을 보관하고 마을 사람과 인연이 있다는 것을 확인해야 들어갈 수 있는 민간인 통제 지역이에요.

해마루촌은 오랜 세월 개발하지 않아 예전의 자연환경이 제법 남아 있는 곳이에요. 그렇기에 해마다 여름이면 새를 보러 해마루촌에 가요. 파랑새나 꾀꼬리는 물론 보기 힘든 호반새나 청호반새가 번식하기 때문이에요. 무엇보다 붉은배새매를 아주 많이 볼 수 있어요. 개발이 되지 않은 예전 우리네 마을에서 가장 많은 번식을 한 맹금이 바로

조용히 날아온 붉은배새매 어린새 맹금인 붉은배새매는 천연기념물이자 멸종위기종이에요.

버드나무에서 둘레를 살펴보는 붉은배새매 암컷 붉은배새매는 작은 새나 개구리, 곤충 따위를 주로 잡아먹어요.

붉은배새매라는 것을 짐작할 수 있을 만큼 여름날 해마루촌은 붉은배새매가 많아요.

공원에서 붉은배새매를 2018년부터 해마다 봤어요. 어미만 보다가 2022년 드디어 어린새를 만났어요. 말복과 입추가 지나고 아침저녁으로 서늘한 기운이 서려 있을 무렵이에요. 어린 해오라기가 더위를 견디기 어려운지 정화지 나무 위에서 부리를 벌리고 더위를 토해내고 있었어요.

붉은배새매 어린새가 소리 없이 날아와 나무에 내려앉아요. 몇 주 전부터 붉은배새매 어미가 꾸준하게 보이다가 찾아온 어린 붉은배새매예요. 어디에서 번식했을지 궁금해요. 주로 밤나무나 소나무에 둥지를 튼다고 알려졌는데 공원 숲에서 번식하기에는 옹색해 보여요. 그렇다고 근처에 산이 있는 것도 아니니 옹색하더라도 공원에 둥지를 튼 것일까요.

2023년 8월에도 붉은배새매를 봤어요. 지난해에 붉은배새매 어미와 어린새를 다 봤기에 은근히 기다리고 있었어요. 공원이 매미 소리로 가득해요. 지난달에는 참매미가 압도했는데 지금은 '왕왕왕왕' 말매미 소리가 배경음으로 깔려 있고 쓰름매미 소리가 요란해요. 메타세쿼이아 길 한쪽 구간에는 참매미 소리가 여러 곳에서 들려요. 이따금 파랑새의 단음절 소리가 있을 뿐 새소리가 거의 들리지 않아요. 생태연못 버드나무 높은 곳에 붉은배새매 한 마리가 앉아 있어요. 붉은배새매가 올해도 기대를 저버리지 않고 얼굴을 보여 주었어요.

맹금 붉은배새매는 배가 붉은 새매예요. 작은 새를 잡아먹는 매예요. 실제로는 개구리와 곤충을 많이 잡아먹어요. 먹이 사슬의 높은 곳에 자리해요. 붉은배새매가 살아가는 환경은 자연이 살아 있다고 할 수 있어요. 붉은배새매가 사냥하는 개구리, 곤충, 작은 새가 풍부하다고 볼 수 있기 때문이에요. 개구리, 곤충, 작은 새가 풍부하다면 그들이 살아갈 토양이나 식물도 건강하다고 할 수 있어요. 건강한 공원, 붉은배새매가 번식하는 공원, 언제까지라도 건강한 환경이 지속되면 좋겠다는 바람이 저절로 생겨요.

동네 공원의 어린새
– 직박구리·물까치·칡때까치·딱새

직박구리 직박구리는 흔히 볼 수 있는 텃새로, 주로 나무 위에서 생활하며 잠자리, 장수말벌, 등검은말벌, 감 등을 먹어요.

물까치 물까치는 텃새로 나무 위에 둥지를 짓고 살며, 매우 소란스럽게 울고 잡식성으로 열매를 먹거나 벌레를 잡아먹어요.

칡때까치 칡때까치는 여름 철새로, 암수 함께 생활하며 무리를 짓지 않으나 새끼가 둥지를 떠난 뒤에는 가족이 무리를 이루기도 해요.

딱새 딱새는 흔히 볼 수 있는 텃새로, 사람들이 다니는 인근 공원에서도 쉽게 볼 수 있으며 주로 곤충류를 잡아먹어요.

4부

가을

가을 공원에 찾아오는 새들

새를 텃새와 철새로 나누지만 언제나 명확하게 나눌 수 있는 건 아니에요. 철새 중에서도 텃새처럼 사시사철 우리나라에 머무는 새가 있어요. 이를테면 예전에 해오라기는 우리나라보다 위도가 낮은 곳에서 겨울을 지내고 번식하기 위해 우리나라에 드물게 찾아오는 여름 철새였어요. 그러다가 남부 지방에서부터 월동을 시작하여 지금은 전국 어디서나 봄과 여름, 가을뿐만 아니라 겨울에도 볼 수 있는 새가 되었어요.

흔하게 보던 철새가 보기 어려운 새가 되기도 해요. 예

어깨가 구부정한 해오라기 여름 철새였던 해오라기가 지금은 전국 어디서나 사시사철 볼 수 있어요.

를 들면 쑥새는 예전에 시골 어디를 가든 볼 수 있는 겨울 철새였어요. 수천 마리가 밭이나 들에서 날아다녔다는 기록도 있어요. 그러던 것이 너도나도 포획하여 포장마차에서 술안주로 팔았어요. 참새구이라고 팔던 새가 대부분 쑥새였어요. 지금은 한겨울에도 쉽게 보기 어려운 새가 되었어요.

철새가 텃새화되거나, 텃새가 보기 어렵게 되거나, 철새

포장마차에서 참새구이라고 팔았던 쑥새 쑥새는 흔히 볼 수 있는 겨울 철새였지만, 지금은 한겨울에도 쉽게 보기가 어려워졌어요.

노랫소리가 아름다운 밀화부리 나그네새이지만 봄과 가을뿐만 아니라 여름과 겨울에도 보여요.

와 텃새로 나누는 게 달라지거나 하는 까닭을 지구 온난화 때문이라고 말하는 사람들이 많아요. 가장 신빙성 있는 진단이 아닐까 싶어요. 그러나 지구 온난화뿐만 아니라 불규칙한 기후나 서식지 파괴 같은 변화도 작용했을 거예요. 자연환경에 민감하게 반응하는 새가 살아가기 좋은 공원이면 좋겠어요. 그렇다 보니 공원에 찾아오는 텃새, 철새, 나그네새, 길잃은새 모두 무척 귀하게 여겨져요.

밀화부리는 나그네새이지만 봄과 가을뿐만 아니라 여름과 겨울에도 보여요. 씨앗을 먹기에 적당하도록 진화한 오렌지 빛깔 두툼한 부리가 특징이에요. 주로 식물성 먹이를 먹되 특히 씨앗을 좋아해요. 옛날에는 관상용으로 길렀을 만큼 소리가 아름다워요. 공원 참느릅나무에서 씨앗을 먹은 뒤 양버즘나무로 날아가 노래해요. 수컷뿐만 아니라 암컷 노랫소리도 듣기 좋아요.

노랑딱새는 나그네새라는 구분에 걸맞게 봄과 가을, 그

주황색 가슴과 멱을 가진 노랑딱새 나그네새인 노랑딱새는 봄과 가을, 그것도 짧은 이동 시기에만 볼 수 있어요.

것도 짧은 이동 시기에만 볼 수 있어요. 참새보다 조금 작은 몸집으로 스산한 가을날 가슴과 멱이 주황색인 노랑딱새가 소나무에 앉아 있는 모습을 보면 황홀해요. 나뭇가지에 조용히 앉아 있다가 갑자기 수직으로 솟구쳐 공중에서 사냥해요. 돌아온 노랑딱새 부리에 아무것도 물려 있지 않은 것을 보니 먹이 사냥에 실패했나 봐요.

철새 이동 시기에는 보이는 새가 날마다 달라요. 노랑눈썹솔새, 쇠솔새, 흰배멧새, 힝둥새 같은 나그네새 영향이 커요. 어제 봤던 새가 오늘 보이지 않고, 어제 못 본 새가 오늘 보이기도 해요. 오늘 본 새가 내일 숫자가 확 늘어날 수도 있고, 아예 안 보일 수도 있어요. 예측할 수 없는 새, 생명의 세계. 자주 관찰하다 보면 어느 정도 예측할 수 있어요. 예측이 맞으면 맞는 대로 어긋나면 어긋나는 대로 새를 보는 재미가 있어요.

무리 지어 이동한다, 나그네새 검은이마직박구리

직박구리가 떼로 몰려다니면서 크게 소리를 내면 강하게 텃세를 부리는 경우예요. 소리가 크면 클수록 텃세가 세다고 할 수 있어요. 텃세를 당하는 대상은 대부분 철새 무리이거나 나그네새일 때가 많아요. 그러니 직박구리가 텃세를 세게 부린다면 그만큼 철새나 나그네새가 많이 왔다고 볼 수 있어요. 새로운 새를 보고 싶은 사람에게는 참 반가운 상황이지만, 철새나 나그네새한테는 곤혹스러운 일이에요. 이렇듯 직박구리는 자기 영역에 대한 집착이 강해요. 까치의 텃세가 강하다고 알려졌지만 직박구리 텃세 또한 그에 못지않고, 어느 때는 직박구리 무리가 까치

검은이마직박구리

나그네새	
학명	Pycnonotus sinensis
분류	조강 참새목 직박구리과 검은이마직박구리속
몸길이	19cm
특징	앞이마에서 정수리까지는 검은색, 정수리에서 뒷머리까지는 흰색이며, 암수가 같은 색

를 몰아내기도 해요. 골목대장 같아요. 그러나 자기가 사는 동네에서만 큰소리칠 뿐 다른 곳으로 나가지 못하는 소심한 새라고 볼 수 있어요. 우리나라와 일본, 타이완과 필리핀 정도에만 분포하고, 유럽이나 아프리카 같은 다른 대륙에서는 볼 수 없어요.

검은이마직박구리를 처음 본 곳은 섬이었어요. 파도 소리가 들리는 민박집, 새벽 동쪽 하늘에 붉은 노을이 깔려 있었어요. 기온이 뚝 떨어지고 흐릴 것이라는 일기예보와 달리 화창한 봄날이에요. 큰부리까마귀 소리에 마을이 깨어나고 있어요. 학생과 선생님이 한 명씩밖에 없지만 정갈한 초등학교 분교에 갔어요. 운동장 하늘 높이 새로 온 제비가 빠르게 날아다니고, 되새가 무리 지어 활기차게 날아다녀요. 알락할미새 한 마리가 초록 인조 잔디가 깔린 운동장을 '쪼르르 쪼르르' 달려요. 때까치가 '때 때 때 때' 크게 소리치네요. 그때 검은이마직박구리가 맑은 소리를 울리며 아이들이 뛰노는 소리가 없는 운동장 뒤편 향나무

산수유나무 가지에 앉은 검은이마직박구리 검은이마직박구리는 예전에는 섬 지역에나 가야 드물게 볼 수 있었지만, 지금은 동네 공원에서도 자주 볼 수 있어요.

버드나무에 앉은 검은이마직박구리 무리 검은이마직박구리 무리가 한꺼번에 요란하게 울어대면 세력권 강하다는 직박구리조차 꼼짝을 못해요.

꼭대기에 올라 대담하게 노래해요. 단 한 마리가 부르는 노래지만 운동장에 맑디맑은 노랫소리가 퍼져 나가네요.

검은이마직박구리는 2002년 10월 전라북도 어청도에서 처음 발견되었어요. 그렇다 보니 2005년 《한국의 새》 도감에 이름을 올리지 못할 만큼 보기 어려웠어요. 2013년 개정판에서야 비로소 이름을 올리고, 서해안 섬과 남쪽 지방에서 번식을 확인했어요. 기후 변화 때문에 보게 된 새라고 할 수 있어요. 공원에서도 여러 차례 봤고 이제 해마다 어김없이 공원을 찾아와요.

큰 나무가 우줄우줄하며 숲이 술렁거려요. 소란스럽다 못해 숲을 들었다 놨다 하는 듯, 숲이 떠들썩해요. 검은이마직박구리 무리가 찾아왔어요. '뾱 뾱 뾱' 투명한 소리를 내다가 고음으로 '끽 끽' 소리도 내고, '뾰로 뾰로' 단음절이 아니라 이음절 소리를 내기도 하며, 어쩌다가 '뾱뾱 뾰르' 짧은 노랫소리를 내기도 해요. 한 마리가 소리를 내도 넓게 울려 퍼지는 소리인데 서른 마리 넘게 소리를 내요. 주로 참느릅나무에서 먹이를 찾고, 산수유나무와 찔레나무, 버드나무로 옮겨 다니네요. 가히 검은이마직박구리 공원이라고 할 만큼 검은이마직박구리가 압도하네요.

강한 세력권을 지닌 직박구리조차 검은이마직구리의 기세에 눌렸는지 두 마리가 검은이마직박구리가 있는 근처의 작은 찔레나무 덤불에서 작은 소리로 '삐익 삐이이익' 소리를 내지를 뿐 움직이지 않네요. 검은이마직박구리 무리는 직박구리를 전혀 개의치 않아요. 다만 산책하는 사람들이 멀리서 보이기만 해도 더 멀찍이 날아가요.

스무 해 전에는 우리나라에서 보기 어렵던 새를 이제는 내가 사는 동네의 공원에서도 크게 무리 지어 날아다니는 모습까지 보게 되었어요. 집 근처 공원에서 검은이마직박구리 여러 마리를 만난 거야 즐겁기 그지없지만 기후 변화의 영향이라고 생각하면 즐거워할 수만은 없어요.

굴뚝 같은 그리움, 텃새 굴뚝새

굴뚝새를 떠올리면 고향 마을에서 신나게 놀던 깨복쟁이 어린 시절로 훌쩍 시간 이동을 해요. 새별이라는 아름다운 이름을 가진 마을은 감나무가 참 많았어요. 우리 집 텃밭에는 아름드리 감나무가 있었고, 집 들머리에도 키가 큰 감나무가 있었어요. 마을에서 동무들과 사시사철 즐겁게 놀았어요.

겨울이 다가오면 연을 날리고 썰매를 탄 뒤 얼음 배까지 타며 놀았어요. 밤에도 놀았어요. 동무들과 몰려다니며 나쁜 짓도 많이 하고, 그중에는 굴뚝새를 잡는 사냥도

굴뚝새

텃새	
학명	Troglodytes troglodytes
분류	조강 참새목 굴뚝새과 굴뚝새속
몸길이	10cm
특징	적갈색 몸에 얼룩무늬가 있음. 부리가 짧고 뾰족하며, 꼬리도 짧음

포함되었어요. 당시 헛간은 지붕이 낮은 초가였어요. 짚이 찬 공기를 막아 주는 처마 틈에 참새는 물론 굴뚝새가 잠을 자러 들어가는 사실을 우리가 모를 리 없었어요.

겨울밤 깡통 돌리기나 밥 훔쳐먹기 같이 재미있는 놀이가 이어지는 날은 그저 놀기 바빴지만, 그렇지 않은 날은 굴뚝새가 좋은 놀잇감이었어요. 잠을 자는 곳에 손을 집어넣으면 꼼짝하지 못하고 손에 들어오는 굴뚝새. 참새보다 훨씬 작고 따뜻한 굴뚝새. 지금은 수몰되고 없는 고향 마을에서는 어린아이 손에 잡힐 만큼 굴뚝새가 많았어요.

굴뚝새는 굴뚝 속을 드나든다고 붙인 이름이에요. 이름에서부터 굴뚝 같은 그리움이 묻어나요. 굴뚝에는 온기가 있어 겨울을 나는 곤충이 있기 마련이에요. 그들을 잡아먹으려고 굴뚝새가 드나들어요. 여름에는 산속 개울가에서 지내요. 짝을 짓고 새끼를 키우기에 산이 더 좋기 때문이겠지요. 골짜기 둘레 나무의 뿌리가 드러난 곳이나 자른

덤불에서 나온 굴뚝새 굴뚝 속을 드나든다고 이름 붙인 굴뚝새는 봄과 여름에는 주로 산에서 지낸 뒤 추운 계절이 다가오면 산기슭이나 마을로 내려와요.

나무를 쌓아 놓은 곳에서 주로 볼 수 있어요. 봄과 여름을 산에서 지낸 뒤 추운 계절이 다가오면 산기슭이나 마을로 내려와요. 그러니까 공원에서는 늦가을부터 볼 수 있어요.

그늘진 덤불로 주로 돌아다니며 '찟찟' 두 음절로 소리를 내요. 높은음 '찟찟' 소리를 들으면 제법 큰 새로 여길 수 있지만, 워낙 작은 굴뚝새를 보면 놀라요. 꼬리가 등에 맞닿도록 한껏 몸을 젖히는 장면을 가끔 볼 수 있는데, 굴뚝새의 가장 큰 특징이에요. 흥분하면 꽁지를 가볍게 튀기거나 위아래로 팔짝팔짝 뛰는데, 이는 경계하는 모습이라고 해요.

공원에서 굴뚝새를 처음 본 때를 선명하게 기억해요. 초겨울 낙상홍 붉은 열매가 남아 있고 그늘진 곳 땅바닥에서 홀로 돌아다니고 있었어요. 조금 뒤 낮은 나뭇가지에 오르더니 짧게 날아다니며 소리까지 들려주네요. 그러나 얼기설기 덤불 사이로 주로 움직여 일부 모습만 보여 줄 뿐 정면 얼굴을 한 번도 보여 주지 않아요. 끝내 덤불 속으로 들어가 나오지 않았어요. 그렇더라도 너무 기뻤어요. 어려서 손으로 해코지를 한 경험 때문에 미안한 마음이 들게 하는 굴뚝새, 예전에는 쉽게 볼 수 있었지만 지금은 너

눈밭을 돌아다니는 굴뚝새 굴뚝새는 흥분하면 꽁지를 가볍게 튀기거나 위아래로 팔짝팔짝 뛰며 경계하는 모습을 보여요.

무 보기 어려워진 굴뚝새가 바로 내 앞에서 움직이고 있었기에 너무 반가웠어요.

굴뚝새를 처음 보고 나니 그 뒤로 굴뚝새가 자주 보여요. 갈대밭에 나타나고, 개나리가 모여 있는 곳에도 나타나고, 찔레나무 덤불에도 나타나고, 어느 해에는 노출된 곳 쓰러진 통나무 둘레에서 얼굴 모습은 물론 꼬리를 한껏 뒤로 젖히는 행동까지 온전히 보여 줬어요. 그런가 하면 눈밭을 걸어 다니며 먹이를 찾는 굴뚝새를 보기도 했어요. 늘 미안한 마음을 가지고 있지만 늘 보고 싶은 굴뚝새, 굴뚝 같은 그리움이 온전히 충족되던 순간이었어요.

작지만 작지 않은 새, 텃새 붉은머리오목눈이

붉은머리오목눈이는 머리가 붉은빛을 띠었다고 붙인 이름이에요. 그러나 붉은 머리라고 하기보다 붉은 기운이 스며 있는 갈색이라고 하는 게 더 정확할 듯해요. 붉은머리오목눈이라는 이름보다 뱁새라는 이름이 널리 알려져 있어요. "뱁새가 황새 따라가다 가랑이 찢어진다"라는 속담에 나오는 뱁새가 바로 붉은머리오목눈이예요. 커다란 황새와 견준 새인 만큼 작디작은 새이지요.

참새보다 작은 몸집으로 우리가 살아가는 곳 어디서나 사철 볼 수 있어요. 짝짓기 때는 암수가 같이 지내며 새끼

붉은머리오목눈이

텃새	
학명	Paradoxornis webbianus
분류	조강 참새목 붉은머리오목눈이과 붉은머리오목눈이속
몸길이	13cm
특징	밝은 갈색 몸이지만 날개를 접고 있을 때는 적갈색으로 보임. 짧고 굵은 부리는 흑갈색이지만 끝은 밝게 보임

늦가을에 드러난 붉은머리오목눈이 둥지 두 손을 모은 공간보다 작은 둥지에 알을 낳아 암수가 같이 지내며 새끼를 키워요.

를 키워요. 공원에서도 새끼를 치는데 한창 새끼를 칠 때는 은밀하게 움직여 알기 어려워요. 나뭇잎이 떨어지고 난 뒤에야 비로소 둥지를 볼 수 있어요. 두 손을 모은 공간보다 작은 둥지에 알을 낳아 새끼를 키웠다는 게 놀라워요.

더 놀라운 사실은 알이 푸른색과 흰색 두 가지예요. 우리나라에서 붉은머리오목눈이만 알 색깔이 두 가지라고 해요. 새알은 한 종에 한 가지로, 흰색이나 흰색에 점이 있거나 회색인 경우가 많아요. 푸른 알은 드물고, 붉은머리오목눈이 중에서도 흰색 알을 낳는 암컷은 계속 흰색 알을 낳고, 푸른 알을 낳는 암컷은 계속 푸른 알을 낳아요.

 흰색 알이 모여 있는 둥지나 푸른색 알이 모여 있는 둥지에 조금 다른 알이 있을 때가 있어요. 다른 알보다 유난히 커요. 알 크기가 크게 차이가 나는 까닭은 무엇 때문일까요. 탁란 때문이에요. 붉은머리오목눈이는 참새보다 작아요. 탁란하는 뻐꾸기는 참새보다 훨씬 크고요. 덩치가 큰 뻐꾸기 알이 덩치가 작은 붉은머리오목눈이 알보다 큰 것은 당연해요. 뻐꾸기가 붉은머리오목눈이 둥지에 알을 낳으려고 붉은머리오목눈이 알과 같은 색깔 알을 낳게 진화하여 붉은머리오목눈이가 눈치 못 채게 하지만, 워낙 덩치 차이가 나서 알 크기가 다른 것은 어쩔 수 없어요. 그러나 붉은머리오목눈이 어미는 뻐꾸기 알을 품고 부화시킨 뒤 뻐꾸기 새끼를 자기 새끼인 양 돌보고 키워요. 뻐꾸기 새끼가 자기 몸집보다 훨씬 더 커도 끝끝내 키워요. 뻐꾸

찬란하게 기우는 늦가을 석양 이따금 공원 갈대밭의 붉은머리오목눈이 무리가 나를 위험한 대상으로 보지 않고 나무인 듯 무심하게 대하는 놀라운 경험을 할 때도 있어요.

기 새끼를 키우는 붉은머리오목눈이 어미가 위대하게 여겨져요.

가을이 깊어지면 아침도 좋고 저녁에도 걷기가 좋아요. 한 해가 기울어 가고 있는 데다 해가 떨어질 무렵이면 억새가 흔들리는 소리가 스산해요. 찬란하게 기우는 햇살이 쓸쓸해요. 새끼를 키울 때는 한두 마리가 조용히 다니던 붉은머리오목눈이가 그 시기를 지나면 무리를 지어요. 사오십 마리는 보통이고 백여 마리가 몰려다니기도 해요. 스산한 저녁이었어요. 이미 해는 떨어져 사람들은 집으로 돌아가고 어둠이 내려앉는 공원에서 홀로 어둠을 맞고 있었어요. 새를 관찰하다 보면 이렇게 홀로 저녁 공원에 서는 경우가 잦아요.

갈대밭 옆에서 우두커니 서 있는데 자작나무 뒤편으로 직박구리 수십 마리가 요란한 소리를 내요. 아래 덤불에는 붉은머리오목눈이가 여리지만 높은 소리를 내요. 내 무릎 양옆을 지나 공원 한가운데 갈대밭으로 들어가요. 낮게 낮게 쉬지 않고 들어가는 붉은머리오목눈이 무리예요. 120마리가 넘는 무리가 '삐 삐이 삐 삐이 삐비빅 삐 삐이

삐 삐이 삐비빅' 저마다 소리를 내서 세상을 꽉 채워요. 나는 그만 붉은머리오목눈이 무리에 갇혀 꼼짝하지 못해요. 전혀 움직이지 못하고 숨소리마저 죽이는데 갑자기 희열이 찾아와요. 붉은머리오목눈이 무리가 나를 위험한 동물로 보지 않고 그저 나무로, 움직이지 않는 나무로 봐준 듯싶어 깊은 감동이 밀물져 와요. 어쩌면 내가 공원을 찾아다니는 까닭은 바로 이러한 놀라운 경험 때문이에요.

| 맺음말 |

동네 공원에서 즐거움을 발견해요

　동네 공원에서 천천히 걸으며 새를 보다가 놀라운 경험을 한 적이 한두 번이 아니에요. 갈 때마다 거의 놀라운 경험을 해요. 도시 귀퉁이에 자리하고 있어 같은 도시에 살고 있는 시민마저 대부분 찾지 않는 작은 공원에서 이렇게 놀라운 경험을 매번 한다는 것이 경이로워요. 그렇다 보니 시간이 날 때마다 공원에 가요. 아니에요. 시간이 날 때마다 공원에 가지 않고 시간을 일부러 내서 공원에 가요. 공원에 가면 몸과 마음과 영혼이 충만해요.

　때로 공원에 가지 않고 집에서 쉬고 싶은 마음이 들 때가 있어요. 손전화만 열어도 재미있는 영상이 얼마나 많은지 잘 알고 있어요. 컴퓨터로 하는 게임은 또 얼마나 강렬한 유혹인지요. 우리는 지금 눈을 너무 혹사하는 이미지의 세계에서 살아가고 있어요. 집에서 쉬면서 가상 세계에 머물고 싶은 마음과 문 열고 나가 산책하고 싶은 마음이 부딪치면 십중팔구 자연으로 나가지 못해요. 집에서 쉬고 싶은 마음이 들 겨를도 없이 바로 지금 문을 열고 밖으로 나가야 해요.

특별한 준비가 필요하진 않아요. 그저 가벼운 옷차림으로 슬금슬금 걸어요. 걷다 보면 금방 가벼운 마음이 리듬을 타요. 사진기를 목에 걸고 쌍안경을 들었어요. 산책을 풍요롭게 할 장비예요. 산책이라고 하지만 멈춰 설 때가 더 많아요. 자세히 보고 듣기 위해서는 멈추어야 해요. 일상과 다른 멈춤이 다른 생명을 내 속으로 들어오게 해요. 그들을 귀하게 여기게 되고 나의 공간이 나의 공간만이 아니라 다양한 생명이 함께 살아가는 공간이라고 느껴요.

동네 공원은 무한한 즐거움을 발견할 수 있는 곳이에요. 발견하면 늘 새로운 즐거움이 팡팡 터져요. 눈을 충혈되게 하는 즐거움이 아니라, 일상에서 무뎌진 감각들을 활짝 열게 하는 즐거움이에요. 거듭할수록 녹슬었던 감각이 되살아나고 다른 생명의 지혜를 온전히 받아들이게 돼요. 몸과 마음과 영혼을 북돋우는 즐거움이에요. 누구라도 나의 공원처럼 동네에서 자신만의 공간이 있기를, 인공이 아닌 자연의 공간에 자주 찾아가 즐거움이 가득 넘쳐나길 바라게 돼요.

조병범

동네 공원에서 직접 관찰한 새 100종

* 부록에 실린 새 100종은 지은이가 동네 공원에서 직접 관찰하고 사진으로 기록한 새들입니다.

봄 여름 가을

개개비
(Oriental Reed Warbler)

봄 가을 겨울

개똥지빠귀
(Dusky Thrsh)

봄 여름

검은댕기해오라기
(Striated Heron)

봄 여름

검은딱새
(Stejneger's Stonechat)

봄 가을

검은이마직박구리
(Light-vented Bulbul)

봄

검은할미새사촌
(Black-winged Cuckooshrike)

굴뚝새
(Eurasian Wren)

곤줄박이
(Varied Tit)

긴꼬리홍양진이
(Long-tailed Rosefinch)

까치
(Oriental Magpie)

깝작도요
(Common Sandpiper)

꾀꼬리
(Black-naped Oriole)

봄

꿩
(Common Pheasant)

봄 겨울

나무발발이
(Eurasian Treecreeper)

봄 여름 가을

노랑눈썹솔새
(Yellow-browed Warbler)

봄 가을

노랑딱새
(Mugimaki Flycatcher)

봄 여름

노랑때까치
(Brown Shrike)

봄 가을 겨울

노랑부리저어새
(Eurasian Spoonbill)

천연기념물 멸종위기종

노랑지빠귀
(Naumann's Thrush)

봄 가을 겨울

노랑턱멧새
(Yellow-throated Bunting)

봄 가을 겨울

노랑할미새
(Grey Wagtail)

봄

논병아리
(Little Grebe)

가을

대륙검은지빠귀
(Common Blackbird)

봄 여름

대백로
(Western Great Egret)

봄 가을 겨울

여름

덤불해오라기
(Yellow Bittern)

봄 겨울

동박새
(Warbling White-eye)

봄 가을 겨울

되새
(Brambling)

봄 여름 가을

되지빠귀
(Grey-backed Thrush)

봄 여름 가을 겨울

딱새
(Daurian Redstart)

봄 가을 겨울

때까치
(Bull-headed Shrike)

봄 가을 겨울

말똥가리
(Eastern Buzzard)

가을

매
(Peregrine Falcon)

천연기념물 멸종위기종

봄 여름 가을 겨울

멧비둘기
(Oriental Turtle)

봄 여름 가을 겨울

물까치
(Azure-winged Magpie)

여름

물레새
(Forest Wagtail)

봄 여름 가을

물총새
(Common Kingfisher)

민물가마우지
(Great Cormorant)

밀화부리
(Chinese Grosbeak)

박새
(Great Tit)

방울새
(Grey-capped Greenfinch)

백할미새
(Black-backed Wagtail)

붉은머리오목눈이
(Vinous-throated Parrotbill)

여름 가을

붉은배새매
(Chinese Sparrowhawk)

천연기념물 멸종위기종

봄 여름 가을

뻐꾸기
(Common Cuckoo)

봄 여름 가을 겨울

삑삑도요
(Green Sandpiper)

봄 겨울

상모솔새
(Goldcrest)

가을 겨울

새매
(Eurasian Sparrowhawk)

천연기념물 멸종위기종

여름

새호리기
(Eurasian Hobby)

멸종위기종

봄

솔딱새
(Dark-sided Flycatcher)

여름

솔부엉이
(Brown Hawk Owl)

천연
기념물

봄 가을 겨울

쇠기러기
(Greater White-fronted Goose)

봄 여름 가을 겨울

쇠딱따구리
(Japanese Pygmy Woodpecker)

봄 여름 가을 겨울

쇠물닭
(Common Moorhen)

봄 여름 가을 겨울

쇠박새
(Marsh Tit)

봄 여름 가을 겨울

쇠백로
(Little Egret)

봄 가을

쇠솔딱새
(Asian Brown Flycatcher)

가을

쇠솔새
(Arctic Warbler)

봄 가을 겨울

쇠오리
(Eurasian Teal)

가을

쇠황조롱이
(Merlin)

봄

숲새
(Asian Stubtail)

가을 겨울

쑥새
(Rustic Bunting)

봄 가을

아물쇠딱따구리
(Grey-capped Woodpecker)

여름

알락도요
(Wood Sandpiper)

봄 가을 겨울

어치
(Eurasian Jay)

봄 여름 가을 겨울

오목눈이
(Long-tailed Tit)

봄 여름 가을 겨울

오색딱따구리
(Great Spotted Woodpecker)

왜가리
(Grey Heron)

봄 여름 가을 겨울

울새
(Rufous-tailed Robin)

봄 가을

원앙
(Mandarin Duck)

봄

천연
기념물

유리딱새
(Red-flanked Bluetail)

봄 가을

제비
(Barn Swallow)

봄 여름 가을

제비딱새
(Grey-streaked Flycatcher)

봄 가을

| 봄 | 여름 | 가을 |

중대백로
(Great Egret)

| 봄 | 여름 | 가을 |

중백로
(Intermediate Egret)

| 봄 | 여름 | 가을 | 겨울 |

직박구리
(Brown-eared Bulbul)

| 봄 | 가을 | 겨울 |

진박새
(Coal Tit)

| 가을 | 겨울 |

참매
(Northern Goshawk)

천연기념물   멸종위기종

| 봄 | 여름 | 가을 | 겨울 |

참새
(Eurasian Tree Sparrow)

봄 가을 겨울

청둥오리
(Mallard)

봄 여름 가을 겨울

청딱따구리
(Grey-headed Woodpecker)

여름 가을

청호반새
(Black-capped Kingfisher)

봄 가을 겨울

촉새
(Black-faced Bunting)

봄 여름 가을

칡때까치
(Tiger Shrike)

봄 겨울

콩새
(Hawfinch)

봄 가을 겨울	가을

큰기러기 (Bean Goose) 멸종위기종	**큰말똥가리** (Upland Buzzard) 멸종위기종

봄 여름 가을 겨울	봄 여름 가을

큰부리까마귀 (Large-billed Crow)	**파랑새** (Oriental Dollarbird)

봄 여름 가을 겨울	여름 가을

해오라기 (Black-crowned Night Heron)	**황로** (Eastern Cattle Egret)

봄

황여새
(Bohemian Waxwing)

봄 가을 겨울

황조롱이
(Common Kestrel)

천연
기념물

봄 가을

휘파람새
(Manchurian Bush Warbler)

겨울

흰꼬리수리
(White-tailed Sea Eagle)

천연
기념물

멸종
위기종

봄 여름 가을

흰날개해오라기
(Chinese Pond Heron)

봄 여름

흰눈썹황금새
(Yellow-rumped Flycatcher)

봄 가을

흰배멧새
(Tristram's Bunting)

봄 가을 겨울

흰배지빠귀
(Pale Thrush)

봄 여름 가을 겨울

흰뺨검둥오리
(Eastern Spot-billed Duck)

봄 가을

힝둥새
(Olive-backed Pipit)